le
BELIER

LAURENE PETIT

DICO - SIGNES

Alors que l'astrologie devient un champ de recherche pour les scientifiques du monde entier, il était nécessaire de créer un ouvrage moderne, accessible et vivant.

En effet, si la véritable astrologie ne prétend pas prédire l'avenir, il est indispensable, dans un monde de communication, d'avoir une meilleure compréhension de soi-même et des autres.

La collection « Dico-Signes » vous apporte les réponses que vous attendiez et vous indique les directions d'épanouissement possibles de votre personnalité astrale.

Le bonheur ne commence-t-il pas, selon Socrate, par la connaissance de soi-même ?

Activité : Dans l'astrologie tradi-
tionnelle, le Bélier est un signe cardinal, masculin
et centrifuge.

Cardinal, il commence la saison printanière et
représente donc un potentiel de changement dans
l'élan.

Masculin, il prend en compte des valeurs telles
que l'audace, l'ardeur, le combat.

Centrifuge, il exprime toute son action vers
l'extérieur.

On a donc ici un portrait symbolique de la
nature active du Bélier. Bien sûr, l'individu adhère
plus ou moins à cette grille de tendances. Mais elle
permet de dire qu'un Bélier assis sans rien faire est
un Bélier malade.

A travers elle, on a la silhouette d'un être essen-
tiellement marqué par l'action, le mouvement, et
pour qui la vie n'a de saveur qu'à la condition de
s'exprimer au travers d'une lutte ou d'un combat.

Premier signe du zodiaque, il marque la présence d'une sorte d'aristocratie de l'action dans la
mesure où un leader est nécessairement un homme
souvent seul.

9

Sa joie réside dans la première activité printanière, l'ensemencement et non la récolte. Voilà pourquoi l'on dit souvent du Bélier qu'il se moque de la concrétisation des idées qu'il a lancées.

Adolescence : Par sa nature martienne, le Bélier correspond à la force de l'âge. L'adolescent se sentira mal dans sa peau tant qu'il n'aura pas l'impression de pouvoir assumer seul son quotidien, autant affectivement que matériellement.

Casse-cou, téméraire et décontracté, son impatience le pousse à commettre des actes irréfléchis. C'est l'adolescent révolté type, qui ne supporte aucune pression extérieure et qui va jusqu'au bout dans son rejet de l'autorité.

Garçons ou filles, les jeunes natifs du signe quitteront rapidement le cocon familial et, si leurs parents ont su leur offrir une éducation où ils avaient leur mot à dire, ils feront de leur révolte une plate-forme positive vers l'âge adulte, en mettant leur imagination au service d'une cause qu'ils penseront bonne.

Affaires : On pourrait facilement penser que le Bélier n'a pas le sens des affaires. Posséder, amasser sont des notions qu'il ne connaît pas. C'est qu'il lui faut un enjeu autre que l'argent, qu'il puisse choisir.

S'il adhère totalement au marché mis en jeu, que ce soit par goût de la compétition, par l'aspect révolutionnaire du produit en question ou pour trouver de nouveaux débouchés commerciaux, il deviendra redoutable.

Homme ou femme des coups durs, il sera capable, s'il a les mains libres, de relever la situation la plus en péril. Par contre, il a une sainte horreur du « magouillage », du monde des petits malins.

Alimentation : Est-il possible de donner un régime alimentaire à quelqu'un qui n'en fait qu'à sa tête ?

Le Bélier aime les excès, les écarts, les expériences les plus diverses. En fait, il n'a aucune stabilité nutritionnelle.

A priori, sa constitution robuste et active réclamerait des repas très caloriques et réguliers. Mais il peut avaler des sandwiches pendant une semaine, le rite du repas n'entrant pas dans ses habitudes.

Pourtant, sensible du foie et des reins, il devrait pratiquer de temps à autre ce petit menu : bouillon, crudités, viande rouge parsemée d'ail et d'oignon et jus de fruits.

Ambition : Contrairement au Capricorne pour qui l'ambition n'est pas un vain mot, le Bélier volontiers anti-conformiste peut ne pas désirer une réussite dans l'échelle des valeurs imposées par la société.

Détachée des modèles, son ambition sera personnelle et véhiculée par le défi.

Désireux d'être le premier dans la voie qu'il s'est tracé, son instinct dominateur le pousse à la compétition permanente. Il défiera son entourage au même titre que les éléments. Il veut vaincre, placer la barre du succès chaque fois plus haut, innover, ouvrir des voies nouvelles et, surtout, élargir le champ des possibles.

Amitié : Voilà un mot-clé chez le natif. Homme ou femme, le Bélier adore s'entourer d'amis divers, venant d'horizons les plus variés et où il fera figure de « chef de bande ».

L'homme du Bélier sera plus attiré par les amitiés viriles, très « les copains d'abord », les femmes-femmes lui paraissant très souvent issues d'une autre planète.

La native recherchera plus facilement la compagnie amicale des hommes, mais tous deux seront toujours généreux et prêts à voler à votre secours à n'importe quel point du globe.

Bien sûr, il faut passer sur ses sautes d'humeur, ses reniements souvent fracassants mais qui ne durent pas. Souvent plus heureux en amitié qu'en amour, il s'épanchera plus volontiers avec un ami qu'avec son/sa partenaire.

Le natif a besoin d'échanges constants pour que son amitié résiste à l'usure du temps.

Amour : Voilà le règne des coups de foudre à répétition et le Bélier peut jurer un amour éternel... à chaque fois ! Il se jette corps et âme dans l'aventure.

L'adolescence sera un cap difficile où la native peut devenir une « allumeuse », ne ressentant que tardivement des désirs sexuels et jouant à l'amour.

Les valeurs amoureuses du Bélier sont loin des

conceptions modernes, une sorte de complexe du chevalier pour l'un, de l'amazone pour l'autre. Mais il faut avouer que ses élans ont de l'allure !

L'homme :

Face à sa compagne, le Bélier a besoin de se sentir noble. Il réclame d'être admiré ; intransigeant, absolu, jaloux à l'extrême, sa compagne se doit d'être douce, docile et généreuse, tout en étant capable de mener seule sa barque et de faire montre d'une grande force de caractère.

Mais il veut garder le privilège de trouver le merveilleux dans l'amour... et il le trouve. Il n'aime jamais à moitié et ne supporte pas l'indifférence. Tyrannique ?

Peut-être... mais jamais ennuyeux et pantouflard avant l'âge.

Les femmes le trouvent fascinant.

La femme :

Subtil mélange de dureté, de violence et de féminité, c'est une amazone, une femme insoumise.

Dans la mythologie, elle est Athéna-Minerve, la déesse guerrière, protectrice des héros. Elle aime les rapports de force et, secrètement, souhaiterait trouver l'homme capable de la dominer. Mais elle le trouve rarement... et les hommes se trouvent vite déconsidérés à ses yeux. Elle ne veut que ce qu'elle peut admirer : celui qui lui fera mettre un genou à terre.

Elle aime totalement mais ne supporte pas l'amour qui se transforme en amitié amoureuse. Pas de fusion, un combat où la règle du jeu pour la garder est de la laisser tour à tour perdre ou gagner !

Anatomie : Dès la naissance de l'astrologie, on a attribué les différentes parties du corps et les maladies qui s'y attachent aux signes du zodiaque.

Ainsi, le Bélier correspond à la tête, les os du crâne, la face (sauf le nez qui se rattache au Scorpion), les dents de la mâchoire supérieure, le cerveau, les yeux, tous les sens et plus particulièrement la vue.

Animal : Un certain nombre d'animaux sont traditionnellement associés aux douze signes du zodiaque.

Les animaux totem du Bélier sont le bélier, bien sûr, mais aussi la brebis, le cheval, le loup, le chien, le tigre, l'épervier, le vautour, le coq, le serpent et l'araignée.

Argent : Le Bélier n'est pas un signe d'argent. Comme la cigale de la fable, il dépense sans compter et ignore tout de l'usage du bas de laine.

L'argent est pour lui un moyen, un véhicule pour ses désirs et non une fin en soi comme pour le Taureau.

Dès qu'il le peut, il innonde ses proches de cadeaux et jouira de son pécule sur le champ, avec un plaisir dionysiaque.

Réfractaire à toute possession, il peut un jour être aussi riche que Rockfeller et sur la paille le lendemain. Il ne se suicidera pas pour autant.

Incorruptible, personne ne peut l'acheter. Sa liberté prime sur tout le reste... Il a fait sienne cette maxime qui dit que l'on n'emporte pas sa fortune dans la tombe !

Arts : Le Bélier aime les couleurs vives, les images fortes ou décadentes. Son imagination appartient à la nature de son élément, le Feu. Goût du sang, de l'animalité, du sauvage, de l'obcène que l'on retrouve dans les œuvres de Baudelaire, de Goya ou d'Honegger.

Il n'y a pas un art qui lui convienne plus particulièrement. Il faut simplement qu'il reste dans son tempérament, qu'il soit peintre, romancier réaliste ou polémiste enragé.

Il aime avant tout ce qui bouscule, dérange les chaumières. Il lui faut toucher une matière concrète ou spirituelle qu'il puisse transmuter, à la façon d'un alchimiste, vers un sentier de recherche, à la pointe du possible.

Un Bélier qui met toute son énergie dans la pratique d'un art reste rarement un obscur.

Ascendant : C'est le point du zodiaque qui se lève à l'horizon oriental au moment de la naissance.

Il est capital pour affiner le portrait d'un signe de connaître l'Ascendant, signe complémentaire qui révèle le Moi profond, la personnalité psychique de l'être.

On le calcule à partir de l'heure de naissance du sujet. Muni de ce renseignement, on se reportera en fin de volume où une méthode simplifiée vous permettra de connaître votre Ascendant.

Bélier-Bélier :

Le Feu et le Feu, le Bélier à l'état pur. Les tendances agressives et impulsives du signe sont accentuées. Le natif se montre sans scrupules, parfois dangereux pour lui-même.

Mais cette configuration par trop explosive peut

trouver son exutoire dans son signe opposé, la Balance. Et notre double Bélier deviendra charmeur, plus hésitant devant les dangers.

Mais la Balance ne primera jamais sur la flamme du Bélier et la combinaison lui donnera une force supérieure ; c'est le prototype du combattant héroïque.

Bélier-Taureau :

L'apport du Taureau donne au Bélier plus de patience et d'esprit de continuité, mais aussi un brin d'égoïsme qui lui permettra de mieux tirer parti de ses idées novatrices.

La personnalité mettra du temps à s'affirmer. Mais quel amour de la vie ! Le conservatisme du Taureau s'allie au prophétisme du Bélier.

Il aura une capacité d'endurance et de concentration hors du commun.

Bélier-Gémeaux :

Le Gémeaux, tout communication et contact, donne de la subtilité et de l'humour au Bélier.

Le natif aimera jouer les feux follets, dans les fêtes et le rire, dans une perpétuelle bougeotte ! C'est le jongleur du zodiaque...

Il pourra passer du mensonge à la vérité, avec une ironie sans pareille. Etre de l'instant plus que jamais, il manque de concentration et sa nervosité s'accentue.

C'est la grande aventure.

Bélier-Cancer :

Quel mélange complexe ! On passe du « tout, tout de suite » et au désir d'aventure, au besoin profond d'un refuge, d'un foyer.

Son esprit sera à la fois révolutionnaire et conservateur. Velléitaire, ses succès viendront de son imaginaire exacerbé, de ses rêves, de son goût pour le magique.

Spontané, longtemps enfantin, il aura en même temps l'attirance des gouffres de l'esprit. Il tirera sa force de sa réussite.

Bélier-Lion :

Tout feu, tout flamme. Tête et cœur rayonnent dans la haine de la médiocrité. Le natif devient magnétique, royal et personne n'oserait lui résister. Il a une haute opinion de lui-même et un optimisme garanti anti-choc.

La femme de cette composante très virile trouve un exutoire en ayant une haute position professionnelle.

Le natif vivra sur un grand pied, dans un cadre somptueux. Il sera très courtisé.

C'est un bon aspect pour la création, si les parcours fastueux se font sur un mode intérieur, penchant pour le mysticisme.

Bélier-Vierge :

Cette position peut être difficile à vivre, engageant une dualité aux éléments peu compatibles.

La retenue torturée de la Vierge s'accorde mal avec le jaillissement brut du Bélier. Sécurité ou aventure ? La nervosité et la cérébralité se trouvent accentuées. Si un peu d'argent intervient pour « lancer » le natif, il aura à la fois l'audace et le sens pratique pour réussir.

La Vierge, avec l'âge, peut calmer la fougue du Bélier et lui mettre du plomb dans la tête. L'érudition est très favorisée.

Bélier-Balance :

Deux signes opposés dans le zodiaque, l'axe Bélier-Balance étant celui de la justice.

Le natif, à la fois sensible et emporté, base ses actes sur l'affectivité. Il est capable de tout sacrifier pour les autres.

S'il est heureux, il aura besoin de plaire et idolâtrera l'être aimé.

Mais si son amour est trompé, il peut sombrer dans la dépression la plus noire, la torture mentale, le pur masochisme.

C'est un être romantique comme on ne sait plus l'être. Mais la Balance hésite là où le Bélier fonce.

Bélier-Scorpion :

C'est le sous-marin infernal du Capitaine Nemo. Puissance, efficacité, combativité. Ce n'est pas un caractère de tout repos, les qualités du Bélier et du Scorpion formant un mélange dévastateur. Comme les défauts...

Si les germes de sa révolte sont canalisés dans une activité altruiste, il sera chirurgien ; s'ils ne s'extériorisent pas, c'est le terrorisme, l'intolérance, la violence lucide.

Maladroit mais passionné sous son écorce rugueuse, il veut se faire aimer tel qu'il est.

Bélier-Sagittaire :

Intuitif, impulsif, dominateur, généreux et optimiste, confiant à l'excès, voilà son portrait robot. Il a le goût du sublime, de l'héroïsme à la Don Quichotte.

Un petit côté boy-scout peut irriter, mais rien ne l'arrêtera pour aider son prochain.

Elan et vitalité s'ajoutent à une chance exceptionnelle. Sa vie affective est remplie d'amours plurielles.

Bélier-Capricorne :

C'est la contradiction du « jeune » Bélier et du « vieux » Capricorne. L'impulsion contre la diplomatie.

Le natif sera plus calculateur, plus ambitieux et persévérant. D'un caractère peu souple et peu conciliant, il se laisse mal connaître. Sa passion sera froide, lucide, maîtrisée mais sans excès. Le tempérament sera sincère, épris d'absolu et très à cheval sur ses principes.

Le Bélier apporte la force, le Capricorne le pouvoir.

Bélier-Verseau :

Voilà une combinaison qui ne peut vivre qu'en marge. Il ne supporte ni les compromis, ni les injustices... encore moins les contraintes. Mais il défendra ses idées avec passion et n'hésitera pas à mettre le feu aux poudres.

Très franc, il a un sens de l'amitié fort poussé. Propulsé vers l'avenir, il fait exploser les structures autour de lui et a souvent le génie de l'invention.

Indépendant, il a pourtant le contact facile. Parfois, il peut ressentir une attirance pour le mysticisme.

Un être passionnant, jamais médiocre.

Bélier-Poissons :

L'influence du Poissons sur le Bélier prédomine dans cette combinaison. Il s'offre totalement aux autres, de façon mystique. Il ne possède pas un brin de méchanceté. C'est un puits de charme, d'humour, de drôlerie, de tendresse.

Il semble un peu fou par son manque de réalisme et de bon sens, mais il contrebalance ce côté de sa personnalité par beaucoup de chance et d'intuition. Il a le goût du mystère, du sacrifice à des forces obscures. Il aime les plaisirs de la vie mais peut s'en détacher sans regret. Paresseux ? Sans doute. Mais que de voyages imaginaires !

Aventure : Le Bélier fait de sa vie une aventure permanente. Rien ne l'effraie. C'est l'aventurier type des rêves d'enfant, le justicier sauveur.

Aimant le risque et la vitesse, méprisant la douleur, il se promène dans le monde comme dans une jungle où l'inattendu peut toujours surgir. Il n'entreprendra jamais rien qui ne laisse une grande place à l'aventure, même purement intellectuelle.

Il se moque de la retraite, de la sécurité sociale et autres ersatzs de civilisation qui prennent la vie en charge. Il entreprend avec audace et entend vivre dangereusement.

La femme du signe vivra au même régime. Elle a le goût des beaux gestes et peut aller jusqu'à aider ses ennemis.

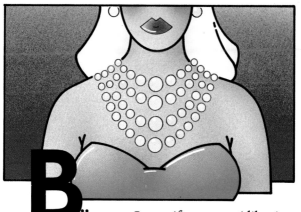

Bijoux : Le natif a une prédilection pour les bijoux issus de cultures dites « primitives », aux métaux presque bruts ; des pierres à peine taillées aux couleurs soutenues et franches. Des objets souvent lourds et voyants tels qu'on peut en trouver en Afrique ou en Amérique du Sud.

Toujours dans la démesure, ils pourront également apprécier des bijoux faits de matériaux imbriqués, fer et plastique par exemple, dans des formes résolument avant-gardistes.

Bonheur : Le Bélier ne peut s'épanouir que dans un climat de liberté totale où il peut déployer son énergie tous azimuts.

Vivant avec intensité chaque instant, ses joies sont aussi intenses que brèves, de même que ses tristesses. Météore traversant la vie, il a une incommensurable capacité d'oubli. Il se raccrochera au futur comme un territoire plein de promesses et ne ruminera jamais son passé.

Mais son prétendu optimisme est une légende. Il a trop conscience du décalage entre son idéal et la monotone réalité.

Mais il aura malgré tout des élans de joie, des débordements enfantins. Brûlant la vie par les deux bouts, son bonheur, si intense soit-il, sera toujours sur la corde raide. Il aura du mal à s'épanouir dans une vie de couple qui demande des concessions qu'il ne peut supporter d'envisager.

Un bonheur trop longtemps installé peut vite ressembler pour lui à une habitude tiède. Il lui faut du drame pour retrouver la saveur d'être heureux. Mais il sera toujours sauvé par sa joie de vivre et son exubérance communicative.

Bricolage : Bricoleur, le Bélier ? Sûrement ! Donnez-lui un moteur à réparer, de la ferraille à souder, un système d'électricité à refaire, il sera votre homme (ou votre femme) !

Mais ne lui demandez pas de travaux de finition, il fuira d'ennui...

Célébrités : Natifs ou personnalités fortement marqués par le signe.

Sainte-Thérèse d'Avila, Jean-Paul Belmondo, Marlon Brando, Jacques Brel, Jean-Claude Brialy, Clàudia Cardinale, Charlie Chaplin, Julie Christie, Joan Crawford, Jerry Lewis, Jean-Pierre Marielle, Steve McQueen, Nicoletta, Gregory Peck, Jean Richard, Omar Sharif, Simone Signoret, Michel Simon, Charles Baudelaire, Descartes, Alfred de Vigny, Emile Zola, Herbert von Karajan, Arturo Toscanini, Vincent Van Gogh, Raymond Barre, Bismarck, Léon Gambetta, Nikita Khrouchtchev, Lénine, Napoléon III, Alain Poher, Louis-Adolphe Thiers, Wernher von Braun, Casanova, Joachim Agosthino, Robert Herbin, Didier Pironi, Raymond Poulidor.

Chance : Inconscient des dangers, plus fonceur que réfléchi, le Bélier jongle avec sa vie.

Il sollicite sans cesse la chance ; en fait, il parie avec elle... Il appartient même à cette catégorie d'individus qui se tracent leur ligne de chance dans la paume de la main avec un couteau, par défi ! Et comme rien ne lui est donné, lorsque Dame Chance croise dans ses parages, il est capable d'apprécier sa venue, comme celle d'une amie lointaine dont on ne reçoit la visite qu'une fois par an.

Charme : Peut-on imaginer Jacques Brel chantant « Amsterdam » sans sa grandiose démesure ou Michel Simon dans « Drôle de drame » sans son merveilleux cabotinage ? Ce serait retrancher la touche finale de ces œuvres. La démesure, c'est le charme du Bélier, avec le sourire, un rien carnassier...

Chiffres : Le 11, ou, d'après la symbolique numérale adoptée par les cabalistes : 7, 47, 87.

Communication : Il pourra être volubile, vous faire pleurer de rire en vous racontant des histoires rocambolesques, mais il se confiera peu en profondeur, de la même façon qu'il éprouve du mal à exprimer ses sentiments, ses affections, ses demandes.

L'idéal pour lui serait qu'on le devine, comme si ses pensées étaient un livre ouvert.

Complexes : Il est difficile de parler de complexes face à un individu qui se moque du social. Inadapté au monde, certes. Mais c'est justement en cela qu'il puise sa force.

Néanmoins, champion des causes perdues d'avance, on peut sans doute lui attribuer le complexe du héros.

De même pour la femme du signe, à laquelle on pourrait ajouter (le Bélier étant un signe de symbolique masculine) un complexe de virilité et de castration.

Concentration : Sa puissance de concentration peut être admirable. Lorsqu'il est absorbé, une bombe peut éclater à proximité sans que sa pensée soit détournée.

Mais, incapable de tenir en place très longtemps, pour intense qu'elle soit sa concentration dure peu. Sa rapidité lui permet de pallier à cet inconvénient.

Il semblerait toutefois que la femme du signe soit dotée de plus de rigueur et d'endurance.

Conflit : Voilà un mot « génétiquement » Bélier. Traditionnellement, Mars, maître du Bélier avec le Soleil (Mars le sanguinaire !), préside à la guerre.

Pour le natif pleinement soumis à l'influence martienne, exister se résume en deux mots : aventures et combats. Il sera toujours l'homme ou la femme d'un affrontement, quels que soient l'adversaire ou l'obstacle.

Comme les vocations de Samouraï se font rares aujourd'hui (Japon et Samouraï sont rattachés symboliquement au Bélier), il se battra contre les idées reçues, les valeurs officielles.

Plus prosaïquement, disons que l'homme et souvent la femme du signe, n'ont pas peur de se salir les poings en les écrasant sur la figure de leur adversaire…

Son plus grand conflit reste cependant intérieur, car la réalité est rarement pour lui à la hauteur de son idéal chevaleresque.

Conquête : Le Bélier est par définition un conquérant.

Il ne cherche pas à posséder et à conserver mais à gagner, quoi qu'il entreprenne.

La rivalité fouettera son désir de vaincre. Il n'est pas l'homme des longs sièges, mais celui des assauts rapides et impatients ; chaque chose en ce monde doit, pour éveiller son intérêt, se présenter comme un objet de conquête. Il y exprimera tout son élan vital.

Signe de la première phase printanière, le Bélier marque la victoire de la chaleur et de la lumière du Soleil sur la nuit, sur les ténèbres du chaos originel. La nature de cette énergie lui confère un tel besoin de conquérir qu'il peut créer ses propres obstacles. Batailleur inassouvi, les embûches excitent son zèle.

En l'absence de surprises renouvelées, dès que la tension baisse ou que la monotonie s'installe, il délaisse l'objet même de son désir sitôt après avoir crié victoire.

Conseil : Il déteste en recevoir mais adore en prodiguer aux autres. Et ils sont souvent excellents parce que cet être instinctif sait repérer d'un coup d'œil ce que d'autres dissipent dans les méandres de la réflexion.

Contradiction : En dehors du fait qu'il déteste qu'on le contredise, toujours persuadé de détenir la vérité, le Bélier peut souffrir de violentes contradictions intérieures selon son Ascendant.

En général, elles surgissent du choc entre le désir d'aventure du Bélier pur en dissonnance avec le besoin de sécurité ou la forte affectivité dont le dote souvent son Ascendant.

Par ailleurs, selon que vibre la fibre positive ou négative de son impulsivité, ce bâtisseur peut calciner avec rage ce qu'il vient de construire.

Ce mouvement d'inversion reste chez lui sans résolution, à la différence du processus de création-destruction du Scorpion dont les instances ne sont pas contradictoires, l'idée de mort étant toujours liée à celle de renaissance.

Couleurs : Le rouge, couleur martienne considérée comme le principe fondamental de la vie, avec sa force, sa puissance, connotant le feu et le sang.

On peut lui adjoindre l'orange et le jaune cru, voire le bleu si le sujet est hypertendu.

Courage : Il a autant le courage de ses opinions que du courage dans ses actes.

Se battre physiquement ne le fait pas reculer et, d'ailleurs, c'est le signe qui arrive en tête des fractures, des nez cassés (Belmondo en sait quelque chose, lui qui d'autre part refuse d'être doublé pour les séquences de cascade) et des horions de tout genre...

Création : Les œuvres du Bélier seront toujours fortes, originales, voire révolutionnaires. C'est que, pour créer, le natif a besoin de remettre en cause les acquis artistiques.

Il fera, d'une manière ou d'une autre, figure de pionnier parce que sa démarche créatrice a besoin d'une atmosphère d'affrontement ou de polémique.

L'imagination et la nouveauté plastique des toiles et des sculptures de Max Ernst s'épanouissent dans le climat bouillonnant et révolté de dada et du surréalisme.

Cuisine : Il ne faut pas demander à un homme ou à une femme du signe d'aimer faire la cuisine au quotidien. Cuisine rime en ce cas avec routine et leur semble un pensum dont ils s'acquittent avec résignation.

Seule la femme du signe, si elle a des enfants, peut décider de se transformer en cuisinière hors pair.

Par flambées, le natif pourra devenir le roi de l'improvisation culinaire, aux mélanges détonnants. Il traversera toute la ville pour dénicher l'œuf d'autruche dont il a besoin. Après avoir laissé la cuisine dans un état qu'Attila n'aurait pas renié, il présentera son œuvre qui aura toujours le mérite d'être attirante pour les yeux, son sens de la mise en scène aidant, à défaut d'être mangeable.

Mais pas de médisance, ses mixtures se révèlent la plupart du temps délicieuses.

Culture : En classe, il cessera d'envoyer des

boules puantes dès que sa matière de prédilection entrera en jeu. En principe peu enclin aux études universitaires, il pourra s'y plonger s'il s'agit d'une voie mettant en valeur ses talents et ses aspirations, en deçà de l'érudition ou de l'archivisme contraires à sa nature.

Sa véritable culture sera celle d'un homme de terrain, un pisteur ouvrant sa propre voie au coupe-coupe. La somme écrasante d'informations qu'il acquiert est puisée dans l'expérience et le vécu, pas dans les livres.

De plus, il porte en lui une sorte de savoir inné, une compréhension instinctive lui permettant d'aller directement à l'essentiel. Il n'a pas appris, il sait !

Curiosité : Tout l'intéresse, il veut tout savoir. De l'enfance à la maturité, ses mots favoris seront : « Pourquoi ? » « Comment ? »… Et il ne s'en lasse jamais !

Danger : Il l'ignore avec superbe… et c'est précisément ce qui est dangereux.

Son goût du risque et du défi lui confère une imprudence naturelle. Pourtant, s'il est par exemple un conducteur téméraire, il possède aussi un sens aigu de la vitesse et de la coordination de ses gestes, ce que ses passagers terrorisés ne présument pas toujours d'emblée !

Plus qu'un autre, le Bélier reste exposé aux accidents du fait de son tempérament : attention au feu, au fer, aux armes et surtout à la tête. Beaucoup de Bélier devraient sortir casqués.

Déception : Il y a les petites et les grandes déceptions. Mais pour le Bélier qui grossit une souris aux dimensions d'un éléphant, il ne peut y en avoir que de grandes, et de plus grandes encore.

On le compare souvent à un enfant aux yeux grands ouverts sur le monde, avec une expression étonnée ; candeur, non point infantilisme. Comme l'enfant, lorsqu'il est déçu il hurle, trépigne mais se console vite, séduit par un autre aspect de la vie.

Mais, lui qui n'est pas rancunier par sa capacité à l'oubli, peut devenir, à force de déceptions profondes et répétées, un être blessé pour la vie.

Décoration : Avant de décorer, encore faut-il posséder ou louer un endroit bien à soi. Or, le Bélier est le champion des chambres d'hôtel, des lieux de passage ou des appartements déjà meublés.

Dans le zodiaque, il se distingue par son absence de territoire et son horreur des acquisitions.

Pour lui, décorer un appartement signifie trop s'installer. S'il le fait par obligation familiale ou matérielle, il affichera son goût des couleurs vives, franches, à moins qu'il ne peigne tout en blanc dans un soucis de pureté ou d'ascétisme façon Zen.

Les meubles devront être avant tout fonctionnels et modernes. Il n'a cure des antiquités de style, mais il ne se sentira pas pour autant gêné dans un cadre 100 % Napoléon III ; il ne verra rien... Les jeunes natifs construiront avec quelques planches, des clous et de la peinture vive un univers bien à eux, qu'ils quitteront du jour au lendemain sans regret.

Défauts : Sa présomption n'allant pas jusqu'à l'impossibilité de reconnaître ses défauts, le natif ne sautera pas ces quelques lignes, à la condition, bien sûr, de se reporter aussitôt après au mot « Qualités » pour rétablir la juste mesure.

Donc il est : impatient, imprudent, fanatique, irréfléchi, brutal, provocateur, égoïste, vantard, mégalomane, inconstant, dilapidateur, survolté et il adore contredire. Mais, dans ce dernier cas, il le fait si bien que cela devient presque… une qualité !

Dépression : Hyper-émotif, d'un tempérament bilieux, le natif peut sombrer dans le gouffre de la dépression si l'on met en doute les valeurs pour lesquelles il se bat ou s'il se rend compte subitement de l'inanité d'une cause qu'il défend depuis longtemps.

Actif à l'extrême, sa dépression sera soudaine et profonde. En effet, le signe le plus dynamique est sujet à des crises d'abattement aussi violentes que le sont ses sommets.

Mais sa vitalité naturelle lui donne une force de récupération sur laquelle il peut compter pour se relever plus fort que jamais.

Destin : Il est marqué d'aventures, de rivalités et d'excès.

Mais le Bélier ne subit pas son destin, il le forge ! Les revirements seront nombreux mais volontaires. Sur un coup de tête, il peut répartir à zéro, changer de décor, de métier, de conjoint, avec l'envie de tout recommencer. S'il le pouvait, il changerait même de nom.

Discipline : Il transgresse volontiers les interdits. L'idée de discipline lui procure une sensation contraire à sa soif d'indépendance.

Seul l'engagement fanatique lui permet de composer avec les contraintes.

Par contre, leader dans l'âme, il aura tendance à vouloir discipliner les autres, organiser, diriger. De nombreux chefs d'état ou dirigeants militaires sont des natifs du Bélier.

Domination : Ce mot ne lui convient que si c'est lui qui domine, l'inverse lui étant intolérable.

Il ne faut jamais essayer d'obtenir quelque chose de lui en le prenant de front ; non seulement il ne donnera rien mais encore une superbe colère explosera !

Femme ou homme, il veut être le seul maître à bord. Sa foi en lui-même aidant, il peut devenir despote, fanatique, en proie aux aveuglements obtus. Sa soif de pouvoir est illimitée.

Echec : Profondément possédé par le désir de vaincre, le Bélier n'aura jamais une conduite d'échec, bien que la barre du succès soit placée tellement haut pour lui qu'on pourrait s'y attendre parfois.

Confronté à un échec, il réagira comme un enfant qui aurait construit un superbe château de cartes qu'un geste maladroit aurait fait s'effondrer.

Après un profond désespoir, il repartira très vite vers un nouvel échafaudage, y mettant encore tout son cœur et oubliant sa précédente déconvenue.

Égoïsme : Ce n'est pas un être foncièrement égoïste comme peut l'être la tendance pure du signe du Lion.

Bien sûr, le Soleil et Mars valorisent son ego et l'idée qu'il se fait de lui-même.

Mais il témoigne d'élans de générosité spontanée qui lui sont propres.

Quand il donne, payant généralement de sa personne, il ne demande jamais rien en retour.

Élément : Les premiers philosophes grecs

avaient proposé quatre éléments fondamentaux : l'Eau, l'Air, la Terre, le Feu.

L'élément du Bélier (comme du Lion et du Sagittaire) est le Feu, mélange du chaud et du sec, qui s'interprète comme un indice de force, de volonté, d'agressivité.

Pour le Bélier, le Feu sera celui des premiers temps, un feu originel et jaillissant, issu de pulsions vives en évolution, explosant d'une façon anarchique ou sous la pression d'une poussée violente. Volcan aux coulées à la fois créatrices et dévastatrices, fulgurant et indomptable, rayonnant dans toutes les directions.

Enfance : Tous crottés, les vêtements déchirés, petites filles et petits garçons du signe agissent d'une façon semblable.

Elle grimpera aux arbres, jouera au football dans un terrain boueux et n'aura aucun mal à devenir le chef de bande d'une armada de petits garçons qu'elle mènera à la baguette.

Indisciplinés, ils sont les rois de l'école buissonnière. Ayant d'instinct le culte de la nature, ils partiront sans peur dans une forêt par une nuit sans lune.

Personne ne les intimide et les grands-mères gâteaux risquent de geindre qu'il n'y a plus d'enfants et que le respect se perd... simplement parce qu'ils lui auront déclaré tout net qu'il préfèreraient ne pas l'embrasser à cause de sa barbe !

Hypersensibles sous une apparente désinvolture,

il ne faut pas être avare de tendresse envers eux, même s'ils ne réclament jamais de gros câlins.

Par contre, il ne faut rien laisser traîner : ils adorent vérifier si le feu brûle effectivement, si les rasoirs coupent et si les médicaments ne sont décidément pas des bonbons.

Attention aux punitions qui les braqueraient définitivement !

Ennemis : On ne peut pas aimer tout le monde. Le Bélier exaspère au plus haut degré les intellectuels aux nuances subtiles, les coupeurs de cheveux en quatre, les encyclopédies ambulantes.

Et c'est réciproque ! Eux détestent son franc parler, son aspect primaire, son intransigeance, sa brutalité, sa soif d'absolu, sa façon d'entrer dans la vie des autres comme un éléphant dans un magasin de porcelaine...

Lui ne supporte pas leurs circonvolutions, leurs mensonges, leur façon de récupérer les idéaux pour en faire des lessives ou des best-sellers. Gare ! Si on s'attaque à lui, la riposte risque d'être sévère !

Ennui : Le Bélier ne connaît pas cette maladie du monde moderne ! Il est toujours à la poursuite d'un projet ou d'une aventure.

Et comme tout l'intéresse, ses journées sont remplies à ras bord. Le seul instant où il semble vacant, c'est lorsqu'il dort ! Et encore...

Excès : Même la Vierge, signe de mesure,

peut commettre des excès. Ce qui distingue le Bélier, ce n'est pas la nature ou la gravité de ses dérèglements, c'est qu'il peut en faire un mode de vie ou une façon de percevoir le monde...

Exigence : Le Bélier voudrait que le reste du zodiaque se mette à son diapason.

Comme lorsque quelque chose le passionne, il va se dépenser sans compter, il attend que ceux qui travaillent avec lui payent au moins autant de leur personne.

En second lieu, il attend de ceux qui l'entourent une loyauté irréprochable.

Enfin, lorsqu'il devient par trop autoritaire, il exige que les êtres comme, à la limite, les choses, soient à son service pour répondre entièrement à son besoin du « tout, tout de suite ».

Famille : Il entretient avec elle un rapport assez double.

Foncièrement indépendant, il tendra à y jouer le rôle du courant d'air. Mais il volera sans condition au secours de la moindre âme en détresse de sa famille, famille d'ailleurs étendue à tous ses vrais amis. Tout ce qui les touche de près ou de loin devient territoire à défendre.

C'est sans doute pour cela que le Bélier, enfant terrible, sera souvent le plus aimé de tous.

Fantaisie : Pour lui, la vie ne vaut la peine d'être vécue que si elle se passe dans le mépris des convenances et l'inattendu à temps complet.

Débarquer dans une soirée mondaine et huppée déguisé en peau-rouge, comme inviter ses amis à déguster un lézard frit à cinq heures du matin... cela donne à penser que « fantaisie » est un bien faible mot.

Fantasme : Son plus grand serait peut-être que le monde devienne une réplique parfaite du temps de la grande chevalerie, avec ses codes d'honneur et ses principes, qu'il existe encore des centaines de princes ou de princesses à délivrer de tours imprenables et hantées ; dragons et magiciens se mêlant allègrement au tableau.

Mais peut-on vraiment parler d'un fantasme ? Pour lui, la cloison entre rêve et réalité est si fragile...

Fidélité : Il sera fidèle tant qu'il vivra un amour sur le mode de la passion.

Si celle-ci tiédit, s'il a les moyens de partir (en règle générale, il sait se les donner), l'histoire s'arrêtera là, sans qu'elle ait eu à souffrir le moindre accroc.

Si des raisons impératives le forcent à rester auprès d'une personne qu'il aime toujours mais sans déclic passionnel, il ne mentira pas, frôlant même l'impudeur dans sa volonté naïve de raconter ses aventures amoureuses plurielles...

Force : Un Bélier n'hésite jamais ; sa force réside aussi bien dans son pouvoir de décision que dans son total dévouement à une cause, quitte à ce que celle-ci le coupe de l'assentiment général.

Il se retrouvera en tête ou solitaire, mais ne renoncera jamais à ce qu'il croit.

Quant à sa force physique, même s'il n'est pas bâti comme un Hercule, il possède une réserve nerveuse qui fait de lui un adversaire redoutable.

Gourmandise : Ni gourmand, ni franchement gourmet, le Bélier n'apprécie vraiment dans la nourriture (en dehors de son aspect strictement utilitaire) que ses variantes exotiques. Ce sera, au demeurant, davantage par goût de l'étrange que pour la délectation du palais.

Grossesse : Il paraît difficile d'imaginer cette personnalité à tendance masculine, vivant à cent à l'heure, sans souci du danger, traversant la vie comme un météore, se mettre d'un coup à vivre au ralenti et à trouver des trésors de patience.

Pourtant, ces femmes aux tendances parfois androgynes et peut-être à cause de cela, sont parmi les plus émouvantes du zodiaque !

Cette fois-ci, c'est leur Donquichotisme qui prime. Avec la fougue qu'on leur connait, elles déplaceront des montagnes pour préserver la quiétude de ce qui leur paraît si ridiculement petit et sans défense ! Souvent maladroites dans leurs gestes, plus gênées que d'autres dans leurs mouvements, elles ne pourront malgré tout cesser leurs activités casse-cou habituelles.

41

Mais en rêve, elles ne pourront pas s'empêcher d'espérer que, comme la semaine à trente-cinq heures, la grossesse passe à neuf semaines…

Groupe : Placé à la tête du zodiaque, il se situe dans un groupe avec le désir d'en être le leader ou bien se place légèrement en marge. Il repèrera vite les rapports de force et se propulsera tête baissée dans la compétition.

Héros : Un des mots les plus adaptés au Bélier qui s'assimile volontiers aux héros légendaires.

Celui qu'il préfère entre tous et auquel on le comparera souvent est Don Quichotte, le champion des causes perdues... Zorro arrive en seconde position, très près du héros de Cervantès.

Dans la mythologie, il se reconnaît bien sûr dans Jason partant à la conquête de la Toison d'Or.

Jeanne d'Arc réunit à la fois l'aspect sacrificiel du Bélier pour une cause, son goût de l'aventure, le chevaleresque en armure. La Pucelle aurait pu être une femme type du Bélier.

Les attributs du signe sont résumés : le fer, la « Minerve casquée » et... le feu !

Honnêteté : Le Bélier ne triche jamais et ne supporte pas qu'on joue avec lui sur ce terrain.

Son honnêteté est totale mais se moque des normes sociales. Il pourrait très bien être Robin des Bois, volant les riches pour donner aux pauvres.

Hospitalité : Ses amis le savent tellement

accueillant qu'il risque fort de voir un jour sur sa porte un écriteau « complet ». Et il trouvera tout naturel d'aller à l'hôtel ou de dormir sur le palier.

Il tient tant à ce que ses amis soient bien reçus qu'il souffrira de ne pas avoir les moyens de leur offrir les fastes du Ritz.

Humeur : Elle est très changeante. Puisqu'il est naïf, mis en confiance il sera d'une humeur délicieuse.

Mais si les circonstances exaspèrent son tempérament bilieux et sanguin, il peut passer d'un coup de la gaieté à la colère explosive. Et on ne peut jamais prévoir sa météo interne...

Humour : Il déteste être le centre d'une plaisanterie. En cela, on peut arguer qu'il n'a pas le sens de l'humour, à tout le moins celui de l'auto-dérision.

Il ne possède pas non plus la finesse pince-sans-rire. Il sera surtout sensible au comique de situation et à l'extravagance.

Idéal : Posséder un idéal déterminé exige-rait trop de continuité de la part du Bélier.

Comme il a pourtant besoin d'un idéal pour vivre, il en choisira un, n'importe lequel : l'amour, la science, la compétition… qu'il pourra abandonner lorsqu'il sentira que son adhésion n'est plus totale.

Imagination : Elle est vive et novatrice, fertile, perpétuellement en action.

Son imagination s'exerce hors des cadres ; une liberté complète lui est nécessaire pour s'épanouir.

Ses idées, brillantes et neuves, s'expriment avec la spontanéité de son esprit ultra-rapide.

Influence : Lui-même est peu influençable. Par contre, ses talents d'orateur et la justesse de ses vues lui permettent de captiver un auditoire et d'infléchir les autres.

Mais attention à son penchant tyrannique qui lui donne le pouvoir de modeler les êtres sans résistance comme des poupées de cire…

Instinct : Le Bélier est le signe de l'instinct primitif. Il représente une force profonde pour le natif, qui n'est pas un calculateur, qui préfère sentir les choses avant de les analyser.

Première figure du zodiaque, le Bélier est le signe le plus proche de ses impulsions naturelles.

Intelligence : L'intellect du Bélier fonctionne par flambées puissantes et novatrices.

Il a le talent de balayer la grisaille intellectuelle ambiante en faisant surgir des conceptions inédites. Il ne faut pas trop lui répéter les choses ; il le sait...

Intimité : Il en aurait besoin plus souvent qu'il ne se l'accorde. Une atmosphère de douce intimité lui permet de recharger ses batteries.

Hélas, même dans un climat de parfaite confiance, il ne sait pas toujours se détendre.

A moins qu'éperdument amoureux, il ne quitte pas l'élu(e) de son cœur d'une semelle, se nourrissant de sa présence comme du lait maternel !

Intuition : Il peut l'exercer sans se tromper, parfois avec plus de précision que celle d'un Cancer ou d'un Poissons. Présentez-lui quelqu'un, il décèlera facilement en lui capacités comme défauts.

Invention : Le Bélier invente parce qu'il repère en tout les germes de la nouveauté, les promesses de l'avenir qu'il hisse au grand jour.

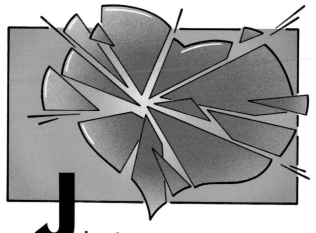

Jalousie : Il est capable de faire la une des journaux à sensations dans la rubrique : « crime passionnel »… C'est tout dire !

Sans être possessif comme le Taureau, une relation doit être pour lui pleine et exclusive.

La jalousie est l'un des débordements de son tempérament passionné.

Jours : La tradition venue de Rome au temps d'Auguste, associe les jours de la semaine aux planètes qui les gouvernent.

Ainsi le jour favorable au Bélier est le mardi (Mars), son jour défavorable le vendredi (Vénus étant en exil dans ce signe).

Justice : Sa démesure peut le pousser à commettre des injustices, mais cela ne sera pas calculé. Il possède un sens naturel de la justice, une sorte de code personnel de l'honneur en marge des lois (il pourra s'opposer à la justice officielle).

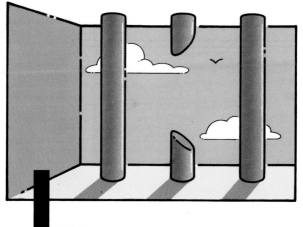

Liberté : Pour le Bélier, la liberté est une valeur absolue et un besoin vital. Il l'exprime en prenant un malin plaisir à bousculer les cadres qui l'enserrent et en remettant en cause toute routine qui menace de s'installer.

Pour lui, la liberté n'est pas un concept philosophique mais plus simplement un synonyme de liberté de mouvement.

Être libre, c'est agir, parfois de façon purement démonstrative ; c'est alors le prototype du Bélier révolté.

Le natif peut montrer moins de respect quant à la liberté des autres s'il cède à sa tendance dominatrice. Mais, avocat ou journaliste, il peut faire de la liberté de ses semblables une cause qu'il défendra avec une rare énergie.

Libido : Ce signe de fer n'est pas de bois… Il part à l'assaut de son partenaire comme d'une forteresse…

Tout doit se passer à cent à l'heure et les subtilités de l'érotisme lui semblent bien fades. Pourtant, c'est un des rares signes que les tabous n'arrêtent pas,

49

ce qui le rend souvent érotique sans qu'il s'en doute.

Mais ne le lui dites surtout pas, le charme serait rompu.

Loisirs : Il aime occuper son temps en se dépensant physiquement ou en partant à l'aventure, de la simple balade (qui assouvira son goût de la nature) jusqu'à la traversée du désert (surtout s'il y a un record à battre).

En règle générale, il ne programme pas ses distractions. Voyages ou soirées entre amis se décident au dernier moment. Il sait de toute façon qu'il trouvera toujours quelque chose à faire.

Maison : Ce n'est que par hasard qu'un Bélier occupe une maison douillette avec un gazon anglais et des petits nains en terre cuite dans le jardin.

D'après lui, la maison doit demeurer un endroit utilitaire où l'on dépose ses chaussettes sales avant de repartir vers de nouvelles aventures.

La femme du signe, en dépit de ses activités débordantes, trouvera par contre toujours le moyen d'organiser une vie domestique, ne serait-ce que pour gagner un temps qui lui est toujours précieux si elle est mère de famille.

Mariage : Se marier jeune ne le gêne nullement, et plusieurs fois encore moins.

Dans son union, il sera généreux et chaleureux, mais gare à qui n'a pas la santé nécessaire pour s'opposer avec tact et finesse à ses velléités d'autorité.

Pour parvenir à être heureux avec l'homme ou la femme de ce signe, mieux vaut cacher sa propre énergie sous une grande douceur apparente et la garder pour réussir à tenir le coup !

Pour ne pas allonger la liste des divorces annuels,

autant apprendre dès le départ à le laisser tour à tour perdre et gagner dans les bonnes mesures...

Maternité : Elle n'aura probablement qu'un seul enfant.

La maternité pourra réussir à adoucir sa nature excessive ; sinon, elle l'entraînera à renoncer à tout pour l'élever et surtout le posséder, le façonner comme son œuvre.

Elle trouvera son équilibre dans ce renoncement, fût-ce au prix de devenir une mère abusive. Gare au chantage affectif...

Maturité : L'instabilité et la spontanéité du Bélier lui donnent parfois un côté adolescent attardé.

La maturité ne représente pas pour lui l'acquisition de la discipline et de la sérénité mais d'un mode de vie indépendant qui lui permet de se livrer à ses extravagances.

Métaux : Le fer et l'acier, métaux des armes et de la planète Mars.

Mythologie : Le mythe emblème du Bélier est celui de la Toison d'Or.

Le Bélier de la légende (le Chrysomalone) était capable de parler, de voler et possédait une toison pareille à l'or. Il représentait ainsi la connaissance innée, le savoir intuitif.

Le bélier doré fut légué par la reine Néphélé mourante à ses enfants, Phryxos et Hellé. La seconde épouse du roi voulut les tuer.

Montés sur le bélier, les enfants s'enfuirent. Mais la toison de feu dégageait une telle chaleur que Hellé tomba de l'animal en vol et se noya dans la mer.

Phryxos immola le bélier à Zeus et fit don de la toison au roi de Colchide.

Le mythe nous renseigne ici sur la dimension sacrificielle du signe, sa valeur de don généreux. Par la suite, la conquête de la Toison d'Or par Jason et les Argonautes représente la guerre au service d'une cause juste.

Naïveté : A côté de son agressivité et de sa violence, le Bélier est aussi un être généreux.

Il donne sans réfléchir ou sans envisager de contrepartie, car c'est dans sa nature de donner.

De même, confiant en lui-même, il fera d'instinct confiance aux autres.

Il est ainsi le pire des naïfs, son innocence n'étant ni ignorance, ni inexpérience, mais trait de caractère, état d'esprit naturel.

Narcissisme : Son narcissisme sera souvent ostentatoire !

Le natif a besoin d'exprimer sa puissance sur les éléments auxquels il lance un défi permanent : Einstein brise la conception de l'univers newtonien et libère l'énergie atomique. Khrouchtchev brise la marmite stalinienne au Vingtième Congrès. Les rôles de Marlon Brando au cinéma le représentent toujours sous forme de chef ou de culturiste en peplum ; quant à Jayne Mansfield, son mètre de tour de poitrine, incarnation d'un archétype érotique, défie les lois de la gravité universelle.

Nature : Il aime la nature à la condition de ne pas se contenter de la contempler. Il apprécie les paysages sauvages, les déserts brûlés mais ce qui l'intéresse plus encore, c'est défricher, s'occuper d'une exploitation agricole ou tracer des routes de montagne en trônant sur un bulldozer.

Obstacles : Sans eux, la vie n'a pas de saveur. Le Bélier les aime et les recherche.

« A vaincre sans péril, on triomphe sans gloire. » De là à fabriquer de toutes pièces des difficultés, il n'y a qu'un pas que le Bélier franchira souvent. Non par masochisme mais parce que ce signe de feu, entier et engagé, est à la recherche d'une certaine intensité de l'action.

La facilité a pour lui un goût d'insatisfaction et d'inassouvissement.

Opportunisme : Loyal, incapable de calculer, le Bélier ne louvoiera jamais pour atteindre son but. Si une opportunité se présente sur sa trajectoire, il la saisira à la façon d'une chance ou d'un hasard bienheureux.

Il ne saura pas être un courtisan ou un stratège de l'ombre comme le Gémeaux. Les minauderies du jeu social l'agacent. S'il occupe un poste élevé, il le devra à sa seule compétence ou à la valeur d'idées présentées sans concession.

Comme il n'a pas besoin de sentir l'approbation de son milieu pour se frayer son chemin, il ne fera rien pour l'obtenir, quitte à déclencher des affrontements. Et cela même après sa mort, comme Zola dont partisans et adversaires se battirent encore lors du dépôt des cendres de l'écrivain au Panthéon !

Optimisme : Ses élans fougueux et sa force jaillissante en font trop facilement un optimiste né. Mais il peut être victime de sa propre force.

Entier et confiant face à la vie, l'angoisse le fera sombrer d'un bloc. Son agressivité et sa combativité peuvent se retourner contre lui, intérieurement. S'il reprend vite le dessus, il reste toutefois à la merci de brutales idées noires.

Il peut ainsi devenir un cyclothimique type, alternant optimisme et pessimisme, haut et bas, avec le même radicalisme, de façon imprévisible.

Orgueil : Si le Bélier est effectivement orgueilleux, ce n'est pas bien méchant. Sa mégalomanie est plus douce que celle du Lion !

Paresse : Le Bélier a du mal à comprendre les grands paresseux ou ceux qui n'agissent qu'au dernier moment.

Comment peut-on rester sans rien faire lorsque tout bouge autour de soi ? Il serait plutôt en train de rêver de n'avoir besoin que de deux heures de sommeil par jour, et la vue des plages encombrées de corps inertes et luisants d'huile solaire provoque son mépris ou son indifférence.

Au fond, la paresse, c'est une forme de mort... et la vie est très courte !

Parfums : Avant tout, il sera sensible aux odeurs très naturelles : senteur de foins coupés, la bergamotte, la citronelle, la verveine doivent en être les principales composantes.

Le Bélier préfèrera souvent l'eau de toilette, plus discrète et rafraîchissante.

Passion : L'homme comme la femme du signe sont avant tout sujets aux coups de foudre. Ardeur et emballement les caractérisent. La passion dévorante, immédiate, impérative, prime sur la tendresse et les sentiments qui s'installent doucement.

Si le Bélier ne parvient pas à s'attacher à quelqu'un, ses passions à répétition feront penser à un certain donjuanisme. Ce n'est qu'apparence, car le Bélier ne joue pas, il est sincèrement passionné même si sa passion se consume vite.

Ses conquêtes seront réellement désirées et aimées, à charge aux heureux bénéficiaires de savoir prolonger ou renouveler ses élans passionnés.

Paternité : Le Bélier adore les enfants. Avec eux, il retrouve par effet de miroir sa propre spontanéité, son enthousiasme, ses cris du cœur, sa soif de vivre.

Il parle à merveille leur langage sans bêtifier et sait dynamiser leurs jeux.

Père un brin fantasque, il est souvent une idole pour ses enfants. Pour eux, ses accès de colère, parfois effrayants, sont la marque de sa puissance rassurante.

Pays : Deux pays sont traditionnellement gouvernés par le signe du Bélier : l'Allemagne et le Japon.

Rien d'étonnant à ce qu'il soit marqué par la chevalerie, les ordres teutoniques prussiens et le code du Samouraï.

On lui associe également les pays suivants : Albanie, Angleterre, Australie, Corée, Danemark, France, Palestine, Suède, Syrie, Venezuela.

Perfection : Sans être maniaque, le Bélier a le goût de ce qui est bien fait. Il ne laissera pas le hasard paufiner ses projets à sa place et s'il néglige parfois les petits détails, il n'est jamais brouillon.

Sa nature ne le porte pas vers les longs mûrissements, mais, tant que son idée n'est pas au point, elle reste au centre de sa vie.

Son souci relatif, mais réel, de perfection s'arrête à la phase de réalisation concrète ; il peut en laisser le soin à d'autres pour se lancer, de son côté, dans d'autres directions.

Pierres : En dehors des pierres précieuses, on trouve parmi les accessoires du Bélier le silex des premiers âges, cette « pierre de feu » divinisée au Mexique comme le fils de la déesse du couple primordial qui a présidé à toute création : là encore, le feu symbolise naissance ou germe de vie.

Planètes : Mars et, après le Soleil désormais dévolu au Lion, Pluton sont les planètes qui gouvernent le signe.

Rome, marquée par le culte du dieu Mars, l'associa d'abord à l'agriculture, mais sa fonction essentielle était de protéger la ville.

Planète hypermasculine, sa puissance sexuelle et sa sensualité sont étroitement liées à l'idée de combat et de force vitale primitive.

Découvert en 1930, Pluton n'a été que récemment attribué au Bélier comme second maître du signe. Il en représente la facette souterraine liée aux forces infernales du dieu romain.

Ce sont les ténèbres intérieures, la nuit peuplée de pulsions primitives ou archaïques, les régions les plus profondes de l'inconscient. Cruauté, sadisme, phobies s'y enracinent, mais aussi richesses enfouies, trésors engloutis de l'âme

Pluton participe également des forces créatrices et régérénatrices du corps. Symbolisé par les éruptions, les volcans et les tremblements de terre, il confère de la force face aux changements sous la contrainte et permet de prendre un nouveau départ dans des circonstances néfastes.

Plantes : L'influence des planètes s'exerce sur la nature, donc sur l'homme, mais aussi sur les plantes.

Par l'intermédiaire de son maître Mars, les végétaux suivants sont associés au signe du Bélier : ail, anémone, chardon, coriandre, gingembre, moutarde, oignon, piment, poivre.

Politique : Militant ou partisan dans l'âme, le Bélier s'illustrera en politique par la violence de ses conceptions et de ses interventions.

Audacieux, attiré par le pouvoir par vocation personnelle, il pratiquera les coups d'éclat et mettra un ferment révolutionnaire dans sa lutte quotidienne.

S'investissant totalement dans une action qui tiendra lieu de morale, il pourra être redoutable.

Son impétuosité de chef et d'orateur le désigne pour être au premier plan des mouvements de l'Histoire et des virages politiques.

Préjugés : La caricature populaire fait aisément du natif du Bélier un être irréfléchi, une tête brûlée allant au devant des catastrophes (et y entraînant les autres !), voire une brute épaisse et sans cervelle n'ayant du goût que pour les arts martiaux.

Erreur : le Bélier est certes spontané et énergique, mais il dispose d'une grande finesse d'intuition. On en fait parfois aussi un Don Juan (alors que sa sincérité n'est pas à remettre en cause) ou un mysogine, ce qui revient à faire peu de cas de son besoin naturel de la femme.

Les natives, elles, sont parfois jugées trop masculines, garçons manqués, autoritaires et acariâtres, voire mantes religieuses méprisant profondément les hommes. Rien n'est plus faux, ou que dire alors de la féminité de Julie Christie, Joan Crawford, Gloria Swanson, Ali MacGraw ou Jayne Mansfield ?

Profession : Homme ou femme, c'est un individualiste qui préfère travailler seul. Comme il a horreur de l'oisiveté, sa profession représente beaucoup à ses yeux, sinon tout dans certains cas.

Prudence : S'il ignore la prudence et voue au contraire un culte à la témérité, le Bélier ne fonce jamais tout-à-fait à l'aveuglette.

S'il prend autant de risques apparemment insensés aux yeux d'autrui, c'est que son esprit de décision et la sûreté de ses réflexes le lui permettent. Téméraire, oui ; suicidaire, non !

Psychologie : Selon André Barbault, la psychologie du Bélier est dominée par la « Primarité », impulsive, précipitée, paroxystique, tournée vers l'avenir.

« La Primarité s'associe chez lui à l'Activité et l'Émotivité, ce qui en fait un « Colérique » assez pur. Il est même souvent surémotif ; l'Activité est le coefficient le plus modifiable. L'intelligence est du type « Intuition » (introvertie ou extravertie). »

Fait d'une seule pièce, il n'y a en principe qu'un seul prototype psychologique du Bélier.

On peut toutefois distinguer du Bélier solaire ou martien, extraverti, tourné vers les autres et s'épanouissant dans une relation aux prises avec la réalité extérieure, un Bélier plutonien plus introverti, doté d'un jardin secret toujours en friche, explorateur de mondes intérieurs.

Qualités : Pour flatter sa vanité (sous réserve de moduler la liste ci-dessous en se reportant au mot « Défauts »), disons que le Bélier est : sûr de lui, entreprenant, audacieux, courageux, enthousiaste, efficace, rapide, novateur et même avant-gardiste, disponible, énergique, dynamique et dynamisant, perspicace, généreux, persuasif, original…

Quotient Intellectuel : Le Bélier est un vrai petit génie à sa manière. Il est capable de fabriquer un radeau en n'utilisant que des bouts de bois ramassés dans le désert. Mais qui a besoin d'un radeau en plein désert ?

Chez les Bélier, la domination par l'esprit de la matière est une valeur qu'on respecte. Ne serait-ce que mentalement, ils aiment à plonger les mains dans le fer et le cambouis, à résoudre les problèmes sous l'angle de la mécanique, du bricolage et de la bidouille. Ils peuvent rester des heures à assembler des idées ou des bouts de truc, isolés du reste du monde et marmonnant d'incohérents anathèmes à l'adresse de tous et de tout.

Pragmatiques, ils iront à l'assaut des moulins à vent dans des armures entièrement assemblées à la main avec des pièces de récupération. Les Bélier ne réfléchissent pas avant de penser. Ils ne perdent pas un temps précieux en vaines tergiversations. Ils foncent. Par contre, ce ne sont pas des champions de la persévérance. Ils se trouvent facilement désemparés si le doute parvient à s'insinuer dans leur esprit.

Pour finir, voici quelques expressions typiques des Bélier : « L'important, c'est que le boulot avance parce que ça ne va pas se faire tout seul. Faut que ça passe ou que ça casse. Celui qui me fera ce coup-là n'est pas encore né (à moins que ce ne soit « pas encorné »). »

Raffinement : Il l'ignore ! Sa simplicité peut aller jusqu'à la négligence ou la vulgarité.

Pour lui, les raffinements sont des détails inutiles, dont il ne s'embarrasse guère.

Son sens pratique ou utilitaire et son caractère direct ne s'encombrent pas de cérémonie ou de petits riens, jugés superflus.

S'il se distingue pourtant des autres, c'est par son extravagance. Il ne sait pas qu'offrir trois roses est plus prisé que deux ou quatre ; qu'importe, il en enverra cinquante dans des seaux.

Global dans sa démarche, s'il ne sait pas dire « je t'aime » dans le langage des fleurs, par contre il sait le prouver !

Rancune : S'il ne se venge pas sur le moment il est incapable de concevoir une machination à froid et il reste sans rancune.

S'il est déçu, il partira de son lieu de travail ou quittera la personne qu'il aime et ne reviendra jamais plus ni vers l'un, ni vers l'autre.

Ses choix sont définitifs et il a la faculté de gommer de sa mémoire ce qui le dérange.

Regrets : Un Bélier ne regarde pas en arrière. Indépendant, il laisse derrière lui ce qu'il veut bien laisser, l'attrait de la nouveauté gommant sans cesse les souvenirs du passé.

S'il échoue quelque part, il redémarre ailleurs, encore plus loin. Et si d'aventure il repasse par les lieux où il a perdu, il ressentira un brin d'amertume, peut-être un sentiment fugitif de mélancolie, mais pas de regret.

Réputation : Il se moque de sa réputation. Ce qui compte avant tout pour lui, c'est de pouvoir se regarder en face dans le miroir tous les matins.

Préserver une image de lui valorisée ne le fera pas reculer. S'il estime que sa cause est juste, il agira au mépris des critiques et des calomnies.

Respect et admiration seront conquis ou détruits tour à tour selon des actes qu'il est le seul à juger.

Comme il n'est pas diplomate, ses gestes peuvent parfois être mal interprétés. Mais il n'en souffrira pas.

Responsabilité : S'il s'engage, le Bélier assumera ses responsabilités jusqu'au bout. Mais il met davantage sa parole en jeu qu'un sens des responsabilités.

Indépendant et individualiste, il n'aime pas prendre les autres en charge. Il le fera par exception, pour rendre un service occasionnel, mais ce ne sera jamais un comportement systématique de sa part, car il fuit les contraintes et les entraves à sa liberté.

Romantisme : Il y a plusieurs types romantiques de Bélier. D'abord le chevalier fier conquérant, au cœur noble et généreux, mâle seigneur que l'amour d'une belle jette dans des transports enfantins.

Ensuite, le poète en détresse, aventurier du cœur et de l'esprit dont l'agressivité se retourne contre lui-même : le romantique révolté, visionnaire, parfois destructeur, vivant de contrastes violents, immergé alternativement comme Baudelaire dans son enfer intérieur et dans des paradis artificiels.

Rupture : Vivant l'amour sur le mode de la passion, il ne tentera pas de sauver une relation en train de s'éteindre.

Mieux : au moindre signe d'affaiblissement, il anticipera et partira sans se retourner. Si seuls ses sentiments sont en cause, il prendra le temps d'expliquer les raisons de son départ. On ne pourra d'ailleurs pas le faire changer d'avis.

S'il a été trompé, il disparaîtra sans un mot et ne se laissera pas poursuivre.

En général, homme ou femme, le Bélier vit assez bien les ruptures probablement parce qu'il ne s'installe jamais. Même lorsqu'on le quitte. Sur le moment, il jouera la scène de l'amour bafoué. Gare à la casse, vaisselle ou objets de valeur. Une fois sa colère vidée, il passera vite à autre chose.

Ruse : Ce n'est pas son genre. S'il veut obtenir quelque chose, il commencera par le demander, tout simplement. Si on lui oppose un refus, il tempêtera jusqu'à ce qu'il l'obtienne. Il ne concevra pas d'autres plans. Bon guerrier, il est donc parfois un stratège sans finesse.

Sacrifice : Symboliquement, c'est un des mots-clés du Bélier. Il représente les immolations offertes aux dieux de la guerre et de l'agriculture pour protéger la cité ou fertiliser la terre, le sang répandu alimentant une vie nouvelle.

Dans le comportement, le sens du sacrifice du natif ou de la native s'apparente à celui du héros romantique. Il est parfaitement capable de mourir pour un idéal.

Au Moyen Age, il aurait subi la question sans desserrer les lèvres pour peu que son silence préserve une cause grandiose.

Saison : Premier signe du zodiaque, le Bélier introduit la saison du printemps. C'est la résurrection de la nature et l'aurore d'un cycle nouveau.

Les bourgeons éclatent, les jeunes pousses soulèvent la terre et les animaux entament les parades nuptiales ! Le Bélier est associé au tout début du printemps, celui des forces vives, naissantes, en évolution.

Sang-froid : Colérique et impulsif, le Bélier

n'est peut-être pas un modèle de sang-froid et de maîtrise de soi.

Pourtant, face aux situations d'urgence, il sait réagir vite, bien, sans perdre les pédales, son impulsivité se mettant alors au service de son instinct.

Santé : Il a une nette tendance aux maladies ou aux risques touchant la tête : lésions cérébrales, migraines, maux de dents, vertiges, insomnies, méningites, encéphalites, congestions cérébrales, otites...

Lorsqu'il est malade, le Bélier manifeste une forte et brutale poussée de fièvre, avec des symptômes aigus, véritable combustion de l'organisme qui le dote d'une bonne résistance aux infections microbiennes.

Le système génital peut parfois être fragile. Mais, avec le Scorpion, le Bélier est le signe le plus solide du zodiaque : une santé de fer ! Il brûle les déchets, ce qui lui permet d'éliminer les toxines et de se régénérer.

S'il est malade, c'est le plus souvent à cause de ses excès, car il épargne d'autant moins son organisme qu'il le sait fort et apte à récupérer.

Scrupules : Comme il ne réfléchit jamais trop avant d'agir et qu'il n'a jamais de regrets, ce ne sont pas les scrupules qui l'étouffent.

C'est d'ailleurs un faux problème pour lui car il se laisse rarement l'occasion d'avoir des scrupules : sa ligne de conduite, fût-elle intuitive, est d'abord dictée par sa soif de justice.

Secrets : Il n'en a pas beaucoup, car il pratique sa vie comme un livre ouvert aux autres comme à lui-même.

Excès ou extravagance se déroulent au grand jour, en toute naïveté ; tant pis pour le scandale.

Toutefois, lorsqu'il est davantage marqué par Pluton que par Mars, le natif peut être plus secret et renfermé, non par nature mais parce que les forces obscures remuées par la planète se prêtent mal à la formulation.

Sécurité : Le mot ne fait pas partie de son système de valeurs. Par contre, il saura assurer la sécurité d'autrui, dans toutes les circonstances, avec la vaillance d'un Bayard !

Séduction : Il ne déploie pas toute la séduction animale du Scorpion. Il est à l'opposé de l'amoureux Balance, plein de tact, de sourires ou de silences étudiés. Il n'a pas la science du flirt frivole du Gémeaux.

En fait, le Bélier n'est pas un séducteur car il ne joue pas.

Il sera direct, un peu brusque même, car il sait ce qu'il veut et il le veut tout de suite. Il ne reculera pas devant les démonstrations spectaculaires et les exploits, car il a besoin de sentir l'admiration de l'élu(e) de son cœur...

Sensibilité : Comme son intelligence, sa

sensibilité est intuitive. La corde sensible est donc pour lui la principale façon de percevoir le monde, même si ses manières extériorisées ne le laissent pas toujours deviner.

Sexualité : Pour le Bélier, l'amour est souvent un corps à corps.

L'homme se montrera impatient, fébrile, parfois trop rapide ! Là encore, il sait ce qu'il veut et il est plutôt dominateur !

Si c'est un Bélier plutonien, il pourra être fasciné par les prostituées ou, plus médiocrement, il recherchera une maîtresse qu'il pourra appeler selon son gré à deux heures du matin...

En fait, sa sensualité ne s'épanouira que face à une femme aimée avec passion et qui saura canaliser son ardeur.

La femme du Bélier saura être plus douce. Son côté masculin la poussera souvent vers des partenaires hypervirils, capables de la dominer.

Singularité : Il est rare qu'un natif du Bélier n'ait pas une cicatrice à la tête. Si elle ne se voit pas, c'est qu'elle est intérieure.

Solitude : Le natif du signe est souvent solitaire de par les positions extrèmistes qu'il affiche et qui le conduisent parfois à la marginalité.

Pourtant, il supporte mal la solitude et adorerait vivre entouré d'amis, à condition de rester libre de ses mouvements.

Une présence le rassure mais, dans un couple, il faut qu'il ait la possibilité de se retrancher ou de sortir seul prendre l'air.

Lorsqu'il rentre à la maison, il est calmé ; il ne s'absentera jamais plus de deux jours.

Spiritualité : Le Bélier est peu sensible à l'irrationnel et aux mystères de l'âme, mais parfois son esprit s'exalte et c'est dans l'exaltation que sa spiritualité s'exprime, menant au fanatisme mystique comme chez Sainte Thérèse d'Avila ou Savonarole.

Il est intéressant de noter, en regard des éléments du signe, que ce dernier ne fut pas seulement consumé par son feu intérieur mais aussi par le feu du bûcher.

Spontanéité : Voilà un mot qui lui colle à la peau, le dotant d'une fraîcheur et d'une possibilité de renouvellement quasi enfantine.

Sports : Lorsqu'il ne s'y adonne pas en tant que professionnel, le Bélier en fera volontiers la matière de ses loisirs, plus particulièrement les sports de compétition ou les arts martiaux.

Succès : Il ne viendra pas toujours facilement, devant se mesurer aux barrières du conservatisme.

Mais le Bélier lutteur sait en jouir lorsqu'il vient.

Après tous les efforts fournis, le succès n'est jamais pour lui une vaine récompense.

Superstition : Le Bélier ne compte que sur lui-même et méprise l'idée de fatalité.

Les superstitions lui sont étrangères. Mieux : par défi, il s'amusera à passer ou repasser sous une échelle, surtout si quelqu'un de superstitieux lui prédit dans le même temps les pires catastrophes !

Symbole : L'hiéroglyphe du Bélier se réduit à ses cornes rapprochées et arquées, symbole d'agressivité mais aussi de noblesse (symbolisme du crâne).

Animal de troupeau, il représente aussi la collectivité qu'il peut protéger ou pour laquelle il prête sa force et ses qualités belliqueuses.

Dans toutes les traditions, le Bélier est associé au feu créateur, à sa fécondité régénératrice. La forme spiralée des cornes ajoute l'idée d'évolution.

Tendresse : Chez le Bélier, homme ou femme, l'emballement et le désir prévalent sur la tendresse. Il sera sans doute plus tendre en amitié qu'en amour, qui est pour lui une autre forme de combat.

Il ne ressent pas comme la femme du Taureau ou les natifs du Cancer le besoin physique de câliner. Si on l'enveloppe et le caresse, le désir s'éveille aussitôt et… c'est une autre histoire !

Mais s'il ne manifeste pas la tendresse des gestes, il prouve qu'il a celle du cœur, plus généreuse que d'autres sous des dehors bourrus.

Territoire : Le Bélier n'amasse et ne possède rien, son territoire ne sera jamais une propriété ; il se promène sur la terre entière comme dans un jardin public.

C'est sans doute pour cela qu'il ne montrera pas un respect exagéré pour le territoire d'autrui. Il franchira sans vergogne les clôtures terrestres ou psychiques si sa curiosité est mise en éveil.

Timidité : Il y a peu de Bélier timides à moins

que le signe ascendant ne perturbe les données (la Vierge par exemple).

Dans ce cas, le natif souffrira longtemps d'une timidité maladive que le temps lui permettra de gommer peu à peu. On trouve souvent un phénomène de surcompensation, la timidité étant vaincue par un excès d'assurance, de franchise ou d'agressivité.

Tradition : Le Bélier n'a pas le respect des traditions. Pour lui, ce sont des institutions comme les autres, auxquelles il réagit par l'indifférence ou la révolte.

Faire la fête le 1er janvier ou le 3 février ne change pas la nature des réjouissances et si les autres n'y pensent pas à sa place, il laissera passer la date de son anniversaire sans regret. Bien sûr, il aime ripailler, mais il ne voit pas pourquoi cela devrait se faire à date fixe !

Transport : C'est un signe de transport dans tous les sens du terme. Transport de l'esprit, dans l'enthousiasme et l'exaltation. Transport du corps, dans la vitesse et le dépassement.

Le Bélier aimera avant tout les voitures de course et... les dragsters !

Travail : Le Bélier est l'un des quelques signes pour lesquels ce mot prend son sens plein et entier. Le natif peut y trouver le sens de son existence. Certains en font une drogue dont ils sont les esclaves consentants.

A la différence du Taureau laborieux ou de la Vierge méthodique (signes de Terre), ce signe de Feu ne fournira pas un travail continu, respectant plannings et délais.

Plus fréquemment, il laissera venir le dernier moment en contenant son énergie. Il travaillera alors trois jours et trois nuits sans discontinuer, prenant sur son sommeil et ses loisirs, dans un amoncellement de sandwichs, de tasses de café et de mégots de cigarettes.

Unions : Entre les différents signes du zodiaque.

Bélier-Bélier :

Attention aux étincelles. Mieux vaut se mettre autour du ring et compter les points... Souvent, à force de duels sans merci, une certaine complicité s'instaure. Et lorsque le conflit ressurgit, c'est avec l'estime de deux adversaires qui ont l'habitude de combattre l'un avec l'autre. Mouvement garanti !

Bélier-Taureau :

Vous connaissez la fable du lièvre et de la tortue ? C'est à peu près cela. Le Taureau, lent et sceptique, a à peine le temps de voir passer le Bélier rapide comme l'éclair.

Ils ont peu de points communs mais peuvent se rendre de grands services dans le domaine du travail et des biens matériels, le Taureau ruminant les affaires que le Bélier traitera in extremis.

S'ils se donnent des coups de cornes, c'est au lit qu'ils se réconcilieront.

Bélier-Gémeaux :

Débouchez les bouteilles de champagne, voilà la fête non-stop, le règne de la légèreté. Le Bélier et le Gémeaux sympathisent très vite et se renouvellent au contact l'un de l'autre dans une émulation permanente. Mais le Gémeaux se lassera des idéaux du Bélier et ce dernier souffrira de l'inconstance du Gémeaux.

Bélier-Cancer :

Attention, prudence. C'est l'union des contraires, du Feu et de l'Eau. L'entente sera difficile entre le dur Bélier et le délicat Cancer, à moins que le Feu ne réussisse à faire bouillir l'Eau avant que l'Eau n'éteigne le Feu...

Bélier-Lion :

Quel beau couple ! Le moins qu'on puisse dire, c'est qu'il ne passera pas inaperçu. Ils ont en commun leur fougue, leur générosité et leur idéalisme. Ensemble, ils conjuguent leur dynamisme dans l'affirmation d'une volonté que l'un impose et que l'autre installe. Rien ne leur résistera !

Bélier-Vierge :

Le fauve et la puce ! Un vrai dialogue de sourds ; seule la nécessité peut les forcer à se comprendre. La raisonnable et discrète Vierge ne saisit rien des idéaux chevaleresques du Bélier qui, pour sa part, a envie de mordre cette Vierge organisée et, selon lui, sans surprise.

Bélier-Balance :

Que peuvent bien se raconter le dieu de la guerre et la déesse de l'amour lorsqu'ils se rencontrent ?

Ils forment le couple idéal ! Le Bélier (Mars) domine et la Balance (Vénus) charme. C'est l'attirance des contraires qui se heurtent, se choquent, mais se complètent.

Bélier-Scorpion :

Voici Tristan et Yseult, Orphée et Eurydice, Roméo et Juliette, l'amour romantique et déchirant. Agressivité contre agressivité, puissance dominatrice contre sex-sensualité et communion du risque et de la violence... On ne peut savoir qui aura le dessus, mais quelle complexité !

Bélier-Sagittaire :

Vous aurez à peine le temps de les voir qu'ils seront déjà partis à la conquête d'un idéal commun, le Sagittaire pacifiant le Bélier lorsqu'il s'attaque à trop de moulins à la fois, le Bélier arrachant le Sagittaire aux conventions qui l'empêchent d'agir.

Il leur manque cependant un certain raffinement et une réelle intimité. Dans tous les cas, des voyages et des éclats de rire en vue !

Bélier-Capricorne :

Le feu et la glace ! Le Bélier donnera des coups de cornes au Capricorne qui ne bougera pas d'un poil. Le premier vit dans l'instant, l'autre semble avoir l'éternité devant lui.

Pourtant, ils peuvent aller très loin ensemble, ne serait-ce que par leur goût d'une élite, et une ambition démesurée. Fidèles, mélancoliques dans leur amour commun, ils n'auront que de brefs sursauts de passion. Ils ne peuvent s'unir que sur les bases d'un mariage de raison... Une association à long terme.

Bélier-Verseau :

Nous voilà en pleine utopie ! Ils ont en commun le goût de l'aventure, de la liberté, des grands espaces où ils vivront comme des chevaux sauvages !

Mais leur sexualité, avec le Verseau, risque d'être reléguée dans un fond de tiroir et sortie les jours de fête. Ce qui n'est pas du tout du goût du charnel Bélier... Pourtant, avec leur respect profond de la liberté de l'autre, ils pourraient former le couple le plus heureux du zodiaque.

Bélier-Poissons :

A première vue, ils semblent être faits l'un pour l'autre : ce même idéal d'absolu, leur goût du sacrifice, une dimension qui dépasse le visible.

Mais le Bélier fonce sur la sirène qui le perd entre deux eaux, dans le mystère des abysses, où son agressivité se noie. C'est un couple où le Poissons devient malgré lui le naufrageur du Bélier.

Vêtements : Le Bélier n'est pas un signe d'élégance. Il n'a en général aucune recherche vestimentaire, préférant de loin le confort et l'aisance à l'esthétique.

S'il cherche à s'habiller de façon raffinée, il paraîtra gauche, emprunté et la cravate lui donnera l'impression d'étouffer. Il préfèrera de loin les formes amples et les vêtements de sport.

De même pour la femme du Bélier, qui renoncera par surcroît aux artifices du maquillage, à moins qu'il ne s'agisse de conquérir quelqu'un ou d'écraser une rivale. On pourra alors la voir se métamorphoser en vamp ultra-féminine !

Villes : Comme les pays, certaines villes sont associées au signe du Bélier : Bergame, Berlin, Birmingham, Brunswick, Capoue, Florence, Marseille, Naples, Saragosse, Vérone, Utrecht.

Voix : La voix du Bélier est plutôt grave, sans atteindre au registre chaud et coloré de certains Taureau, Cancer, Scorpion ou Sagittaire.

Mais son timbre porte, avec la vigueur et le ton

convaincant qui font ses talents d'orateur.

Ses paroles ne sont pas étudiées et il ne cherche pas à maîtriser un style de langage.

Lorsqu'il parle, on le sentira en train de chercher ses mots et de produire ses idées au fur et à mesure, intégrant ses hésitations et ses « heu » aux flots du discours.

Enfin, la voix peut être aussi pour lui une arme, et ses propos tranchants ou caustiques ratent rarement leur cible.

Volonté : Comme il aime avec passion la vie, le travail et l'amour, il n'a pas besoin de beaucoup de volonté.

Sa force réside dans son émotivité et sa capacité à s'enthousiasmer ; la volonté serait en somme pour lui un supplément gratuit !

Voyage : Il y a deux sortes de Bélier qui voyagent. Celui qui s'est fixé un but à atteindre, par curiosité ou par goût. Sa destination sera alors le plus souvent lointaine et exotique. Dans ce cas, il mettra toute son énergie à rallier son but le plus vite possible, empruntant l'itinéraire le plus direct.

L'autre Bélier percevra le voyage non comme une fin en soi mais comme un moyen de dépassement. La destination importe peu. Ce qui compte, c'est l'exploit : record de vitesse dans un rallye, exploration de territoires mal connus ou course au trésor !

Zizanie : A la fin d'un dîner de famille, plus personne ne parle, on entend les mouches voler. Cherchez le Bélier, c'est le seul qui aura gardé le sourire. En fait, il aura dit à sa mère que son père était sorti de la chambre de la cousine anglaise à trois heures du matin, et il aura affirmé avoir bien entendu son frère déclarer : « Encore un mois à supporter cette maison et je pars m'installer en Inde, majeur et vacciné. » Le Bélier n'appelle pas ça semer la zizanie, mais rétablir la vérité…

Calcul de l'ascendant

Afin de simplifier le calcul de votre ascendant qui implique souvent des tableaux horaires longs et fastidieux, nous vous proposons une nouvelle méthode qui suppose seulement la connaissance de votre heure de naissance.

S'il n'est pas rigoureusement exact, ce système ne comporte qu'une très faible marge d'erreur (environ 4%).

Il vous suffit donc de chercher, sur le tableau ci-dessous, la colonne qui correspond à votre date et à votre heure de naissance pour trouver votre ascendant.

Dans le cas où vous êtes né dans un pays appliquant l'heure d'été au moment de votre naissance, il est nécessaire, auparavant, d'y retrancher une heure.

Si vous êtes né **Bélier** entre les :

21 mars-30 mars		1er avril-9 avril		10 avril-20 avril		Ascendant :
06 h 30	07 h 30	05 h 50	06 h 50	05 h 10	06 h 10	**Bélier**
07 h 30	08 h 50	06 h 50	08 h 10	06 h 10	07 h 30	**Taureau**
08 h 50	10 h 30	08 h 10	09 h 50	07 h 30	09 h 10	**Gémeaux**
10 h 30	13 h 00	09 h 50	12 h 20	09 h 10	11 h 40	**Cancer**
13 h 00	15 h 50	12 h 20	15 h 10	11 h 40	14 h 30	**Lion**
15 h 50	18 h 30	15 h 10	17 h 50	14 h 30	17 h 10	**Vierge**
18 h 30	21 h 10	17 h 50	20 h 30	17 h 10	19 h 50	**Balance**
21 h 10	24 h 00	20 h 30	23 h 20	19 h 50	22 h 40	**Scorpion**
00 h 00	02 h 20	23 h 20	01 h 40	22 h 40	01 h 00	**Sagittaire**
02 h 20	04 h 10	01 h 40	03 h 30	01 h 00	02 h 50	**Capricorne**
04 h 10	05 h 30	03 h 30	04 h 50	02 h 50	04 h 10	**Verseau**
05 h 30	06 h 30	04 h 50	05 h 50	04 h 10	05 h 10	**Poissons**

Index